JUEGA CON LOS SONIDOS

JOUE AVEC LES SONS

ESPAGNOL

Pour acquérir une bonne prononciation

JUEGA CON LOS SONIDOS
JOUE AVEC LES SONS

Corine Masfrand
Édition coordonnée par Sylvie Persec

Niveau A1-A2

20 fiches et un CD audio

EDITIONS OPHRYS

Illustrations : Cécile Hébrard

Imprimé en France

ISBN : 978-2-7080-1178-6

Introduction

Cet ouvrage essentiellement élaboré à partir de *trabalenguas* (jeux de langue) et de *refranes* (proverbes) propose une approche phonologique de l'espagnol grâce à des fiches d'exercices. Un CD audio permet à l'apprenant de découvrir tous les phonèmes et sert de support à tous les exercices proposés.

Le travail sur la phonologie est une étape importante dans l'apprentissage d'une langue vivante. Il est l'une des priorités du *Cadre européen commun de référence pour les langues* car il permet à l'élève d'acquérir rapidement une aisance sur le plan de la prononciation. Cette acquisition réalisée, l'élève prend confiance en lui et sa prise de parole devient alors plus spontanée.

L'objectif étant d'acquérir une bonne prononciation, il ne s'agit en aucun cas d'exercices de compréhension.

- Dans les premiers exercices de prononciation, l'apprenant est guidé par la mise en relief systématique du phonème étudié. Par la suite, lorsque l'identification du phonème est faite, l'élève est invité à faire cette mise en relief et à poursuivre la lecture avec l'aide du CD audio.

- Nous proposons dans un grand nombre de fiches des *trabalenguas* et *refranes* courts classés par phonèmes.

- 4 « bilans » rythment l'apprentissage ; ils reprennent les acquisitions proposées dans les fiches et permettent à l'apprenant de s'évaluer.

- Les corrigés des activités et des bilans sont proposés dans un livret annexe.

Corine MASFRAND
Professeur certifié d'espagnol
Collège Alphonse Daudet, Nice

Sommaire

FICHE 1

Les voyelles

Las vocales

2

Activité 1

Découvre les voyelles. Écoute les prénoms et répète-les.

La **A**

Clara, Alicia, Ana, Antonio, Adán.

! La **E** [é]

Felipe, Eva, Leonor,

Elena, Beatriz, Estela, Enrique.

La **I**

Irene, Marina, Celia, Diego, Inés, Iván.

La **O**

Octavio, Dolores, Olga, Lorena, Flora.

La **U** [ou] !

Eduardo, Lucas, Luisa, Lucía, Manuel, Luna.

3

Activité 2

Écoute et répète les mots et les prénoms suivants.

Paulina,
Claudia, Laura,
Aurelia,
Paula, Diego,
Adriana,
Ainhoa, Manuel,
Antonio,

Euro,
Europa,
restaurante,
guapo,
ruido,
aula, fuego

4

Activité 3

Écoute et répète le poème.

Si digo la A,
¡me pongo a saltar!

Si digo la E
¡bailo al revés!

Si aprendo la I
¡me quito de aquí!

Si digo la O,
¡me doy un revolcón!

Y si aprendo la U,
¡lo que quieras tú!

María A. Domínguez

FICHE 2

i et í

Note bien la différence
entre le i et le í

5

Activité 1

Écoute et répète les mots et les prénoms suivants.

diamante	río	día
diablo	radio	piano
tecnología	sabia	manía
Alicia	Amelia	Elías
Aurelio	Lucía	Jeremías
Emilio	María	Rocío

6

Activité 2

Écoute et répète les mots et les prénoms suivants.

Lucía,
María, Miguel,
salían,
revista, pedías,
piso,
crujían, cristalería,
panadería,
pescadería, carnicería.

7

Activité 3

Écoute et répète les mots suivants.

Denia	frías	Soria
Andalucía	Galicia	Canarias
Etiopía	Hungría	Italia
geografía	historia	tecnología
ironía	tibio	sabiduría
Valencia	Murcia	

8

Activité 4

Écoute et complète les mots suivants. i ou í ?

A

1. fr___o
2. polic___a
3. sangr___a
4. Jul___a
5. ven___an
6. Galic___a
7. Sant___ago
8. sand___a
9. hac___a
10. dec___as

B

1. iron___a
2. sal___a
3. ol___an
4. prem___o
5. presenc___a
6. tecnolog___a
7. Valenc___a
8. man___a
9. re___an
10. propon___a

FICHE 3

Les consonnes

Las consonantes

9

Activité 1

Découvre les consonnes. Écoute les sons, puis les mots et répète-les.

B La be
Bilbao.

C La ce [th anglais]
Ce, Ci [th anglais]
cine, cereza.
Ca, Co, Cu [k]
cama, cuatro.

Ch [tch]
chocolate
chico.

D La de
dos.

F La efe
familia.

G La ge
Ge, Gi [jota]
Gerardo, girasol.
Ga, Go, Gu [g]
gaviota, gota,
guitarra.

H La hache
hospital.

J La jota [jota]
Juana, Javier.

K La ka
kilo.

L La ele
loro.

LL La elle [lli]
estrella, llave.

M La eme
Madrid.

N La ene
no.

Ñ La eñe [gn]
España,
niño.

P La pe
Papá.

Q La cu [k]
queso.

R La ere [r]
pera.
La erre [rr]
perro, radio.

S La ese [ss]
casa, mesa.

T La te
tapas.

V La uve [b]
Valencia, vino.

W La uve doble
watio.

X La equis
texto.

Y La i griega
yo.

Z La zeta [th anglais]
azul, zapatos.

10

Activité 2

Tu connais à présent toutes les lettres de l'alphabet. Entraîne-toi avec les prénoms suivants.

Alejandro,
Ángel,
Raquel,
Emilio,
Julián,
Susana,
Amanda,
Sofía,
Patricia,
Julia,
Jaime,
Vicente,
Rodrigo,
Pilar,
Gloria,
Beatriz,
Carlota,
Alicia,
Bárbara,
Sara,
José,
Ramón,
María,
Elisa.

FICHE 4

Ca, co, cu / ce, ci et z

11

Activité

Écoute et répète les mots et les prénoms suivants.

caminar, camisa
Cecilia,
Celia,
cenizas, calendario,
cuaderno,
cebolla, Barcelona,
cazar,
cenar, cine.

12

Jeux de langue !

Écoute et répète ces *trabalenguas*.

Poco a poco Paco
empaca las pocas cosas
que poco a poco
Paca saca.

Pepe Pecas pica papas
con un pico
pica papas.
Pepe Pecas con un pico
pica papas
Pepe Pecas.

La gallina cenicienta
que en el cenicero está,
un día se encenizó.

Cerezas comí,
cerezas cené,
y de tanto comer cerezas
me encerecé.

Bilan 1

Test 1

Score ..../6

Écris les prénoms que tu entends.

1. ....
2. ....
3. ....
4. ....
5. ....
6. ....

Test 2

Score ..../6

Écris les prénoms que tu entends.

1. ....
2. ....
3. ....
4. ....
5. ....
6. ....

Test 3

Score ..../6

Écoute les lettres et reconstitue le mot.

1. ....
2. ....
3. ....
4. ....
5. ....
6. ....

Bilan 1

TEST 4

Score ..../6

Coche le mot que tu entends.

1. perro	☐	pero	☐
2. Pablo	☐	Paco	☐
3. profesora	☐	profesor	☐
4. para	☐	paja	☐
5. gusto	☐	justo	☐
6. pajar	☐	pagar	☐

TEST 5

Score ..../6

Coche le mot que tu entends.

1. ropa	☐	roba	☐
2. boda	☐	voga	☐
3. pueblo	☐	puedo	☐
4. jabón	☐	Ramón	☐
5. baño	☐	paño	☐
6. vela	☐	pela	☐

BILAN 1

MON SCORE FINAL

Inscris et totalise tes points

Test 1 : ..../6
Test 2 : ..../6
Test 3 : ..../6
Test 4 : ..../6
Test 5 : ..../6
Total = .../30

Entre 26 et 30

C'EST EXCELLENT !

Entre 19 et 25

C'EST BIEN.

En dessous de 19

REFAIS LES TESTS.

FICHE 5

D

[d léger]

18

Activité

Écoute et répète les mots suivants.

Madrid,
Córdoba, Cádiz,
soda, media,
pescado,
vender, usted,
ustedes,
unidos, sentados,
ordenador,
dedicarse.

FICHE 6

X

Entre deux voyelles *[ks]*
Au début d'un mot et devant une consonne *[s]*

19

Activité

Écoute et répète les mots suivants.

Texto,
xilófono, sexta,
exterior,
excelente, saxofón,
próximo,
máxima, excluir,
exceso.

FICHE 7

V

[b]

20

Activité

Écoute et répète les mots suivants.

Vivo, vaso, vida, verdad, verso, verde, valiente, vaca, vasco, vela.

FICHE 8...

Ch

[tche]

21

Activité 1

Écoute et répète les mots suivants.

Mucho,
muchacho, cuchillo,
manchego,
ocho,
concha, cuchara,
ochenta,
poncho, coche,
noche.

22

Jeux de langue !

Écoute et répète ces *trabalenguas*.

Cuchichean que las cucharas
del cucharero tienen cucarachas.

A marchar marchó marchando
marcialmente Marcial, el marchador.

Si Pancha plancha con cuatro planchas
con ¿cuántas planchas plancha Pancha?

Me choca que los chanclos checos
sean tan chuscos y chiscos.

La punta de la pinta pincha
¿por qué pincha la punta de la pinta?

Si le echas leche al café para hacer café
con leche para hacer leche con café
¿qué hace falta que le eche?

Charo echa chistes,
Chema coge chapas,
Chelo tiene chicos;
los chicos de Charo,
las chapas de Chelo,
los chistes de Chema.

Ch

[tche]

23

Activité 2

Écoute et complète les phrases suivantes.

1. Cuéntame un ______________.
2. ¿Quién me trae una ______________?
3. Compra un ______________.
4. Hoy no hay ______________.
5. ¿Te gusta la ______________?
6. Vinieron con ______________ amigos.
7. No le gusta ______________.
8. ¿Dónde están los ______________?
9. Estudio las ______________.
10. No tengo ______________.

24

Activité 3

Écoute et complète les phrases suivantes.

1. Visitamos ______________.
2. ¿Cómo se llaman las ______________?
3. Pablo es ______________.
4. ¿Es tuya esta ______________?
5. Quiero un ______________.
6. Son las 11.00 de la ______________.
7. Quieren ______________ de cordero.
8. Voy a tomar arroz con ______________.
9. Se pone ______________.
10. ¿Te gusta el ______________?

25

Activité 4

Écoute et indique par un chiffre dans quel ordre tu entends les mots.

choza	◯	chica	◯
chico	◯	leche	1
cheque	◯	seque	◯
eche	◯	hache	◯
dicho	◯	bicho	◯

Dans certaines régions d'Espagne et en Amérique latine le C se prononce comme le S

FICHE 9

Ga, Go, Gu, Gue, Gui

[ga], [go], [gou], [gue], [gui]

26

Activité

Écoute et répète les mots suivants.

guapo, guerra, Miguel, guisante, guitarra, guión.

gato, gota, gusto, gallo, gallina, guante

FICHE 10...

Les sons J, Ge, Gi

[jota]

27

Activité 1

Écoute et répète les mots suivants.

jaleo
Jamaica, jabón
junco,
jaula, joya,
coger,
magia, mágico,
viajar, viajeros,
naranja.

28

Jeux de langue !

Écoute et répète ces *trabalenguas*.

¡Jaime baja la jaula!

Me trajo Tajo tres trajes,
tres trajes me trajo Tajo.

Perejil comí, perejil cené
y de tanto comer perejil
me emperejilé.

Juan junta juncos junto a la zanja.

El ajo picó a la col.
La col picó al ajo.
Ajo y caracol
y col con ajo.

Abrí cajones y cogí cordones.
Cordones cogí y cajones abrí.

Les sons J, Ge, Gi

[jota]

...FICHE 10...

29

Activité 2

Écoute et complète les mots suivants. J ou G ?

1. _____acinto
2. ce_____as
3. co_____er
4. e_____ercicio
5. _____amón
6. _____usticia
7. pi_____ama
8. _____usto
9. di_____o
10. a_____o

30

Activité 3

Écoute et complète les mots suivants. J ou G ?

1. a_____edrez
2. _____uez
3. ore_____a
4. conse_____o
5. desalo_____ar
6. cabizba_____o
7. _____azmín
8. li_____ero
9. paisa_____e
10. pasa_____e

31

Activité 4

Écoute et complète les mots suivants. J ou G ?

1. _____asolina
2. _____amás
3. _____ocoso
4. re_____alar
5. besu_____o
6. _____ersey
7. _____ato
8. le_____os
9. lu_____o
10. a_____eno

32

Activité 5

Écoute et complète les mots suivants. J ou G ?

1. aconse_____ar
2. _____allo
3. traba_____ar
4. comadre_____a
5. ca_____a
6. abe_____a
7. lente_____a
8. barri_____a
9. _____olosinas
10. gi_____ante

...FICHE 10

Les sons J, Ge, Gi

[jota]

33

Activité 6

Écoute et complète les phrases suivantes.

1. __________ llama a __________.
2. Tienes que ir al __________.
3. __________ la línea 6.
4. Están __________ mi coche.
5. Me voy en __________.
6. Los Reyes Magos __________ _____ _____ a los niños.
7. No me gusta el __________.
8. Pago con __________.
9. Practican __________ los lunes.
10. ¿Con quién vas a __________?

34

Activité 7

Écoute et complète les phrases suivantes.

1. Lleva una camiseta de color __________
2. ¿Cuántos __________ tienes?
3. Me gusta el __________.
4. Un __________ elegante.
5. __________ en __________.
6. ¿Dónde vive __________?
7. Los __________ del médico.
8. ¿Por qué no vienen __________?
9. ¿Conoces esta __________ web?
10. ¿Has hecho los __________?

35

Activité 8

Écoute et répète le poème.

Los sueños del naranjo

El naranjo
teje sueño
con gotas de azahar.

La tarde lo mira
y se pregunta
al pasar…

¿Cuántas naranjas
jugosas
de sus ramas
colgarán?

Inés de la Cueva

36

Jeux de langue !

Écoute et répète ces proverbes et ces *trabalenguas*.

No hay atajo sin trabajo.

Consejo es de sabios
perdonar injurias y olvidar agravios.

El que de joven no trabaja,
de viejo duerme en la paja.

Cada oveja con su pareja.

El que no oye consejo, no llega a viejo.

Una vieja bodija perigotija
y tarantantija tenía tres hijas bodijas:
Perigo, Tija y Tarantija.

R/RR

[rr]

37

Activité 1

Écoute et répète les mots suivants.

rubio, perro
derrota,
derramar, derribar
garrote,
gorra, mirra,
perrera,
radio, remedios,
marrón.

38

Activité 2

Écoute et répète les mots suivants.

regalo, refresco
orilla,
partido, parar,
refrán,
perra, párrafo
parada,
relámpago, ricos,
Navarra.

39

Jeux de langue !

Écoute et répète les proverbes.

Arrímate a los buenos y serás uno de ellos.

A río revuelto, ganancia de pescadores.

Barriga llena, corazón contento.

En boca cerrada no entran moscas.

En la tierra del ciego, el tuerto es rey.

El mismo perro con otro collar.

Gato llorón no pesca ratón.

La zorra nunca se mira la cola.

Perro que ladra no muerde.

Ladrón que roba a ladrón tiene cien años de perdón.

40

Écoute ces trabalenguas.

El perro de San Roque
no tiene rabo,
porque Ramón Rodríguez
se lo ha robado.

Rana Rina ha comprado
un reno rosa de raso
para darle de comer
a su hijo renacuajo.

Bilan 2

TEST 1

Score ..../12

Écris le mot que tu entends dans la colonne correspondante.

41

U	CH	D
____	chino	____
____	____	____
____	____	____
____	____	____

TEST 2

Score ..../12

Écris le mot que tu entends dans la colonne correspondante.

42

CH	X	J
____	texto	____
____	____	____
____	____	____
____	____	____

TEST 3

Score ..../8

Complète les mots suivants avec R ou RR ?

43

1. Pe___o
2. Co___ige
3. Te___eno
4. Bo___ador
5. Ba___ca
6. ___azón
7. Gue___ero
8. En___edar

Bilan 2

Test 4

Score ..../8

Complète les mots suivants avec R ou RR ?

1. T___abajo
2. ___ebaja
3. Chu___o
4. En___ojecer
5. De___ibar
6. De___ota
7. Go___ión
8. A___uga

Test 5

Score ..../10

Complète les mots suivants avec R, RR, J ou G ?

1. Condu___o
2. ___amás
3. I___is
4. ___ecurso
5. Flo___es
6. ___ico
7. Deso___den
8. ___eneral
9. Pá___afo
10. Co___er

Bilan 2

Mon score final

Inscris et totalise tes points

Test 1 : ..../12

Test 2 : ..../12

Tests 3 et 4 : ..../16

Test 5 : ..../10

Total = .../50

Entre 40 et 50

C'EST EXCELLENT !

Entre 30 et 39

C'EST BIEN.

En dessous de 30

REFAIS LES TESTS.

FICHE 12

Ñ

[gn]

46

Activité 1

Écoute et répète les mots suivants.

montaña,
España, compañeros,
muñeca,
piña, tamaño,
años,
española, señal.

47

Jeux de langue !

Écoute et répète ces *trabalenguas*.

Con maña, por la mañana,
la niña apaña la leña de la cabaña.

Pepe Peña pela papa,
pica piña,
pita un pito,
pica piña,
pela papa,
Pepe Peña.

Mariana Magaña desenmarañará
mañana la maraña que enmarañará
Mariana Magaña.

¿Desenmarañará mañana
Mariana Magaña la enmarañada maraña
que enmarañó Marina Magaña?

48

Activité 2

Écoute et complète les phrases suivantes.

1. ¿Te gusta la ____________?
2. Vendrán ____________.
3. ¿Por qué no vino la ____________?
4. Me dan miedo las ____________.
5. ¿Cómo se llama tu ____________?
6. ____________ la palabra exacta.
7. Claudia me ____________.
8. ¿Dónde está el cuarto de ________?
9. El ____________ es original.
10. Dentro de dos ____________, tendré mucho éxito.

49

Activité 3

Écoute et complète les phrases suivantes.

1. Es más ____________.
2. ¿Quieres ir a la ____________?
3. Es una isla ____________.
4. ¿Cuál es el ____________?
5. ¿Quedamos ____________?
6. Viven en La ____________.
7. Vamos a ____________.
8. ¿Te gusta el ____________?
9. Es ____________.
10. Es ____________.

LL

[lli]

50

Activité

Écoute et répète les mots suivants.

Ellas, llanos
llanuras,
lluvia, llover,
millón,
bella, pollo,
gallo,
paella, rodilla.

51

Jeux de langue !

Écoute et répète ces *trabalenguas*.

Esa chiquilla,
entre la lluvia,
a la villa de Sevilla
lleva la llave que brilla.

Estrella, estrellita, estrella.
Estrella, estrellada, estrella.
Estrella, estrellante, estrella.
Estrella, estrella, estrella.

Lloricas son los llorones,
con sus lloreras y lloriquear;
si lloraran junto con los llorones,
llorones y lloronas llenarían el mar.

52

Jeux de langue !

Surligne le phonème[lli] et poursuis la lecture des *trabalenguas* avec le CD.

Guillermo llama a los trilladores
que trillan con tres trillos.

La anilla del llavero no tiene llave.
¿Quién se ha llevado la llave
de la anilla del llavero?

El cielo está enladrillado,
¿quién lo desenladrillará?
El desenladrillador que lo desenladrille,
buen desenladrillador será.

FICHE 14...

LL et Y

[lli] et [i]

53

Activité 1

Écoute et répète les mots suivants.

Vaya, bella,
valle,
yema, caballo,
mayo,
raya, llanto,
llamar,
estrella, playa.

54

Activité 2

Écoute les mots avec LL et Y.

El ayuno del cristianillo no deja pan
en el cestillo.

Amistad de boquilla no vale una cerilla.

Hasta el cuarenta de mayo
no te quites el sayo
y para más seguro
hasta el cuarenta de junio.

Cuando llueve en agosto,
llueve miel y llueve mosto.

Mayo frío, año de mucho frío.

Febrerillo, mes loquillo.

55

Proverbes !

Surligne les phonèmes[lli] et [i] et poursuis la lecture avec le CD.

Abril y mayo, llaves de todo el año.

El día de la Candelaria,
que llueva o que no llueva,
el invierno está fuera,
y si llueve y hace viento,
invierno dentro.

El pollo de enero sube a su madre al gallinero.

Enero, soy caballero, según lo encuentro, lo llevo.

Las lluvias de abril caben en un barril
y en mayo me desmayo.

Marzo yerarzo,
abril güeveril,
mayo pajarayo,
junio volunio por San Juan.

Quien no trilla en agosto, trilla con mal rostro.

Los cardillicos en abril para mí y en mayo para el caballo.

LL et Y

[lli] et [i]

56

Activité 3

Écoute et complète les phrases suivantes.

1. Dame la ________________.
2. Es el 10 de ________________.
3. Compra dos ________________.
4. Trabajan en un ________________.
5. ¿Cómo ir al ________________?
6. Mira las ________________.
7. ________________ el papel.
8. ¿Quieres ________________?
9. No olvides las ________________.
10. Escribe tu ________________.

57

Activité 4

Écoute et complète les phrases suivantes.

1. Le encanta la ________________.
2. Vamos a ________________.
3. Mira las ________________.
4. ________________.
5. ¿Puedes ________________?
6. Podemos ________________.
7. ¿Quieres un ________________?
8. ¿Qué ________________?
9. ¡________________, por favor!
10. ¿Quién quiere una ________________?

FICHE 15

S

[ss]

58

Activité

Écoute et répète les mots suivants.

Casa, esas,
música,
mesa, camisa,
revisar, cosas,
queso,
meses, poesía,
pasar, visitar.

FICHE 16

S, Ce, Ci, Z

[ss] et [th anglais]

59

Activité

Écoute et complète les mots suivants. S, C, Z ?

A

1. Poe___ía
2. Co___inero
3. Igle___ia
4. Mú___ico
5. Esperan___a
6. Ga___olina
7. Pen___ión
8. Mesti___o
9. Pre___io
10. Cru___

B

1. ___ena
2. Nata___ión
3. Directri___
4. Ba___ura
5. Flecha___o
6. Agen___ia
7. Carro___a
8. Análi___is
9. Lan___a
10. Valen___ia

Bilan 3

Test 1

Score ..../12

Écris le mot que tu entends dans la colonne correspondante.

60

LL	Y	Ñ
Sello		

Test 2

Score ..../10

Écoute et complète les mots suivants. S, C ou Z ?

61

1. ___eja
2. Velo___idad
3. Codorni___
4. ___eleste
5. Al___ar
6. Ro___a
7. Acon___ejar
8. Abra___ar
9. Cami___a
10. ___umo

Test 3

Score ..../10

Écoute et complète les mots suivants. S, C ou Z ?

62

1. Pre___io
2. Incapa___
3. Jue___
4. Ro___ín
5. Por___elana
6. Triste___a
7. Co___a
8. Bol___a
9. Jui___io
10. Cau___a

Bilan 3

Test 4

Score ..../8

Écoute et complète les mots suivants. S, C ou Z ?

1. Mu___eo
2. ___apato
3. Ve___ino
4. Bra___o
5. Atro___
6. Distrac___ión
7. Capa___
8. ___ucio

Bilan 3

Mon score final

Inscris et totalise tes points

Test 1 : ..../12

Test 2 : ..../10

Test 3 : ..../10

Test 4 : ..../8

Total = .../40

Entre 36 et 40

C'EST EXCELLENT !

Entre 25 et 35

C'EST BIEN.

En dessous de 25

REFAIS LES TESTS.

L'accentuation

FICHE 17

64

Activité 1

Écoute et répète les mots suivants.

Règle A : un mot terminé par une VOYELLE, N ou S, a son accent tonique sur l'AVANT-DERNIÈRE SYLLABE.

Casa, mapa, tengo, cantan manzanas.

Règle B : un mot terminé par une CONSONNE (AUTRE QUE N et S), a son accent tonique sur la DERNIÈRE SYLLABE.

Mantel, reloj, pincel, calor, profesor, español.

Règle C : Lorsqu'un mot n'obéit ni à la règle A ni à la règle B, un ACCENT ÉCRIT INDIQUE LA SYLLABE TONIQUE.
- **Les mots terminés par ÓN et IÓN portent toujours un accent écrit sur le Ó au singulier.**
- **Les mots interrogatifs et exclamatifs portent toujours un accent écrit.**

Málaga, Córdoba, París, Bogotá, Los Ángeles, Panamá.

65

Activité 2

Écoute et place les accents écrits.

A

1. Chofer
2. Filosofia
3. Julian
4. Mama
5. Tomas
6. Carbon
7. Caracter
8. Explosion
9. Sofa
10. Martin

B

1. Belen
2. Fragil
3. Volcan
4. Azucar
5. Dificil
6. Delfin
7. Cruzo
8. Agil
9. Fotografia
10. Pension

66

Activité 3

Écoute et place les accents écrits.

A

1. Arbol
2. Pajaro
3. Tunel
4. Plastico
5. Autobus
6. Facil
7. Vendras
8. Corazon
9. Silaba
10. Basico

B

1. Almibar
2. Cajon
3. Subito
4. Inmovil
5. Capitan
6. Esqui
7. Telefono
8. Aguila
9. Petroleo
10. Lampara

FICHE 18 Affirmation et interrogation

67

Activité 1

Écoute les phrases. Les points et les points d'interrogation ont été volontairement oubliés. Place-les. N'oublie pas que les points d'interrogation se placent à l'envers au début puis à l'endroit à la fin.

1. ...Han llegado los alumnos...
2. ...Quieres dormir...
3. ...Estamos escuchando...
4. ...Se fueron...
5. ...Vamos al teatro...
6. ...Comen en casa...

68

Activité 2

Écoute les phrases. Les points et les points d'interrogation ont été volontairement oubliés. Place-les.

1. ...Se llama Paco...
2. ...Quieres leer...
3. ...Hace calor...
4. ...Está de buen humor...

69

Activité 3

Écoute et répète le poème.

A la luna nueva
le gusta que llueva
y flota en un charco
sin barca ni barco.

La luna de plata
parece una pata:
nada que te nada
y como si nada.

La luna alunada
es muy despistada;
brillando en el suelo,
se olvida del cielo.

¿Dónde está la luna
que alumbra la cama?

¿Dónde está a la una?
Pues está en la luna.

Carmen Gil

FICHE 19...

Affirmation, interrogation et exclamation

70

Activité 1

Écoute et répète les phrases suivantes. Fais attention à l'intonation.

1. ¿Quién está llamando?
2. No pueden ayudarme.
3. ¡Date prisa! ¡Nos están esperando!
4. ¡Enséñame la lección!
5. ¿Por qué no vienen los amigos de Miguel?
6. Escuchan música debajo del árbol.
7. ¡Levántate! ¡A comer!
8. ¿Quién saca buenas notas?
9. Cada día, voy a ver a mis amigos.

71

Activité 2

Écoute et répète les phrases suivantes. Attention à l'intonation.

1. Mi hermana viaja a Inglaterra.
2. ¡Cuídate mucho!
3. ¿Qué tal estás?
4. ¡Tengo que estudiar todo el fin de semana!
5. ¿A qué hora estarán en la estación?
6. Vamos a comprar una revista.
7. ¿Vamos al cine o al teatro?
8. No papá, no puedo hacerlo.
9. ¿Le compras la última novela?

...FICHE 19

Affirmation, interrogation et exclamation

72

Activité 3

Écoute les phrases. Les points, les points d'interrogation et les points d'exclamation ont été oubliés. Rajoute-les.

1. ...Están hablando los chicos...
   ...Están hablando los chicos...
   ...Están hablando los chicos...
2. ...Se despertaron temprano...
   ...Se despertaron temprano...
   ...Se despertaron temprano...
3. ...Vino su amiga...
   ...Vino su amiga...
   ...Vino su amiga...
4. ...Llegarán a las tres...
   ...Llegarán a las tres...
   ...Llegarán a las tres...
5. ...Te lo explicaron...
   ...Te lo explicaron...
   ...Te lo explicaron...

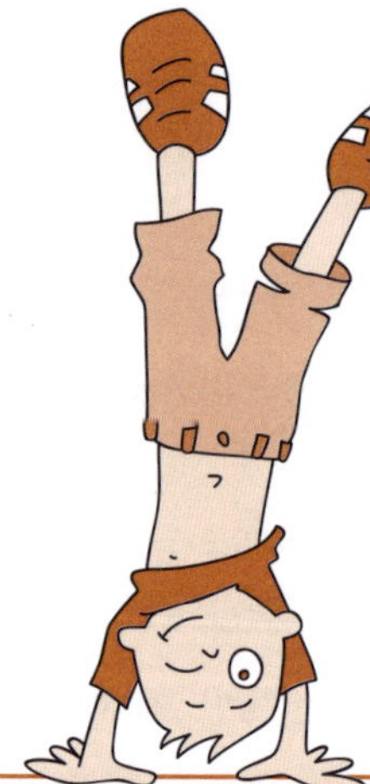

73

Activité 4

Écoute les phrases. Les points, les points d'interrogation et les points d'exclamation ont été oubliés. Rajoute-les.

1. ...Vienen esta tarde...
   ...Vienen esta tarde...
   ...Vienen esta tarde...
2. ...Vende el piso...
   ...Vende el piso...
   ...Vende el piso...
3. ...Abre la puerta...
   ...Abre la puerta...
   ...Abre la puerta...
4. ...Habla más alto...
   ...Habla más alto...
   ...Habla más alto...
5. ...Trabaja por la tarde...
   ...Trabaja por la tarde...
   ...Trabaja por la tarde...

Bilan 4

TEST 1

Score ..../8

Écoute et sépare les mots.

1. Estánestudiandolalección.
2. Selevantaalasdiezdelamañana.
3. Queremosescribiralosabuelos.
4. ¿Tegustalaplayaoelmonte?
5. ¿Quierescomerpescadoocarne?
6. Sefuesinlasmaletas.
7. Sufamiliaviveenlaciudad.
8. ¿Aquéhoracomienzanlasclases?

TEST 2

Score ..../8

Écoute et sépare les mots.

1. Nosabenlaverdad.
2. ¿Quieresjugaralfútbol?
3. Claratienemuchosamigosespañoles.
4. ¿Cuántosañostienetuhermana?
5. Sonlasoncedelamañana.
6. Voyadecirleloquepienso.
7. APabloleduelelarodilla.
8. ¿Quéestánbuscandoeneldiccionario?

TEST 3

Score ..../10

Écoute et place les accents écrits.

1. Adios
2. Gano
3. Petroleo
4. Balcon
5. Geometria
6. Detras
7. Parvulo
8. Fabrica
9. Facil
10. Evaporacion

Bilan 4

TEST 4

Score ..../10

Écoute et place les accents écrits.

1. Cadiz
2. Paris
3. Malaga
4. America
5. Medico
6. Cordoba
7. Avila
8. Acercate
9. Africa
10. Raul

TEST 5

Score ..../14

Écoute les mots suivants et place l'accent écrit.

1. acordeon
2. acustico
3. parvulo
4. ademas
5. linea
6. vacio
7. periodico
8. pajaro
9. Panama
10. dialogo
11. poblacion
12. melancolia
13. grisaceo
14. parrafo

BILAN 4

MON SCORE FINAL

Inscris et totalise tes points

Test 1 : ..../8
Test 2 : ..../8
Test 3 : ..../10
Test 4 : ..../10
Test 5 : ..../14
Total = .../50

Entre 41 et 50

C'EST EXCELLENT !

Entre 31 et 40

C'EST BIEN.

En dessous de 30

REFAIS LES TESTS.

Des poèmes pour apprendre

FICHE 20...

À présent, tu es capable de lire des poèmes...

79

Activité 1

Les parties du corps

1. Muevo **las manos**
2. Muevo **los pies**
3. muevo **los dedos**

y tú no me ves.

4. Doblo **las rodillas**
5. doblo **las muñecas**
6. doblo **la cintura**

y me subo en la silla.

Si pongo la música
entero me muevo
doy muchas vueltas
girando mi cuerpo.

María A. Domínguez

80

Activité 2

Les nombres

El uno es un soldado
haciendo instrucción.

El dos es un patito
que está tomando el sol.

El tres una serpiente,
no cesa de reptar.

El cuatro es una silla
que invita a descansar.

El cinco es un conejo,
que mueve las orejas.

El seis es una pera
redonda y limonera.

El siete es un sereno
con gorra y con bastón.

El ocho son las gafas
que lleva Don Ramón.

El nueve es un globito
atado a un cordel.

Y el diez un tíovivo
para pasarlo bien.

Canción popular.

FICHE 20...

Des poèmes pour apprendre
À présent, tu es capable de lire des poèmes...

81

Activité 3

L'heure

¡Tic, tac,tic,tac...!
Será la una...
Serán las tres.

El reloj
no sabe
la hora que es.

Sus números
se han ido a jugar
con un ciempiés.

Sus agujas, cansadas,
duermen
tumbadas al revés.

El tiempo no corre
ni pasa
y todos jugamos con él.
¡Tic, tac, tic, tac!

Anónimo

82

Activité 4

Les mois de l'année

Refrandragocalendario

El dragón busca en enero el calor de su brasero.
Locos febrero nos tiene, pues con menos días viene.
El dragón que en marzo vuela viene el viento y se lo lleva.
Mayo con sus margaritas las praderas resucita.
Se nos acerca el verano: lo trae junio de la mano.
Julio siega las semillas y las pasa por las trillas.
Agosto quema de día y por las noches resfría.
En septiembre se nos cuela, junto al otoño, la escuela.
Cuando llega el mes de octubre, el dragón su cuerpo cubre.
Noviembre, cuando no llueve, nos trae sol, hielos y nieve.
Diciembre siempre nos deja cuando llega Nochevieja.

Carlos Reviejo

Achevé d'imprimer en juin 2009 par EMD S.A.S. (France)
Dépôt légal : juin 2009
N° d'imprimeur : 21591